AF498980

1863. 18 Décembre

(183e)

CATALOGUE D'ESTAMPES

ÉCOLE DU XVIIIe SIÈCLE ET AUTRES

BEAUX PORTRAITS

DES PERSONNAGES DU XVIIe SIÈCLE A NOS JOURS

Classés par ordre alphabétique

FEMMES CÉLÈBRES

PRINCESSES, RELIGIEUSES, ETC.

CARICATURES, COSTUMES, ETC.

Collection Théâtrale

DESSINS ORIGINAUX ET ESTAMPES

DONT LA VENTE AURA LIEU

HOTEL DES COMMISSAIRES-PRISEURS

Rue Drouot, 5

SALLE N° 3, AU PREMIER ÉTAGE

Le Vendredi 18 Décembre 1863

A 1 HEURE PRÉCISE

Me **DELBERGUE-CORMONT**, Commissaire-Priseur,
rue de Provence, 8,

Assisté de **M. VIGNÈRES**, Marchand d'Estampes,
rue de la Monnaie, 13, à l'entresol, entrée rue Baillet, 1,

Chez lequel se distribue le présent Catalogue.

Exposition avant la Vente, de midi à une heure.

PARIS — 1863

ORDRE DES VACATIONS

L'ordre du Catalogue sera suivi.

Les lots pourront être divisés à la volonté du vendeur.

CONDITIONS DE LA VENTE

Au comptant.

Les Acquéreurs paieront en sus des adjudications CINQ pour CENT, applicables aux frais.

M. VIGNÈRES, dirigeant la Vente, se charge des Commissions.

NOTA. Toute commission sans prix fixé ou sans limite déterminée sera regardée comme nulle.

M. VIGNÈRES se charge de faire marquer les prix aux Catalogues des ventes; les Amateurs qui le désirent peuvent s'adresser à lui *franco*.

AVIS. — Nous prions MM. les Amateurs éloignés de ne pas attendre au dernier jour, pour que les lettres arrivent le matin de la vente; ils comprendront que quelques lettres peuvent se lire, mais de 20 à 50 lettres, c'est difficile.

(Toute lettre non affranchie ne sera pas reçue.)

ESTAMPES

ÉCOLES DU XVIIIe SIÈCLE ET AUTRES

1 **Anonyme.** La triple ivresse, sujet grivois. In-4. Toute marge.

— Le Loup dans la bergerie, rogné et remargé. Pièce rare.

2 **Barbaran**, *del. et sculp.*, 1673. Plan de l'abbaye de Saint-Jean-des-Vignes, à Soissons. Grand in-fol. Très-rare.

3 **Bastard** (comte de). Pièces tirées du roman de Gérard de Nevers et de la belle Euriante. 9 p.

4 **Baudouin** (d'ap.). Le Midi, par *De Ghendt.* Superbe ép., toute marge.

5 **Bertaux** (Duplessis). La Bienfaisance ingénieuse.

6 **Berthault.** Scènes tirées des Journées de la Révolution. 12 p.

7 **Boilly** (d'ap.). Ah! comme il y viendra! — Ça ira. 2 p. imprimées en couleur.

8 — Honny soit qui mal y pense, par *Bonnefoy.* Sup. ép. avant la lettre, marge.

9 **Borel** (d'ap.). Le Mariage conclu, et d'ap. Bounieu, les Disciples de Flore. 2 p.

10 **Challe** (d'ap.). Le Bichon. Superbe ép. avant la lettre.

11 — L'officieuse chambrière, par *Chaponnier.*

12 **Chevillet.** L'amour maternel, d'après *Peters.* Belle ép.

— Le bon exemple, d'après *Heillman.*

13 **Choffard,** 1803. Intérieur du salon d'exposition de *Basan?* Charmante p. in-8 en travers.

14 **Cœuré.** Assassinat de Fualdès. 9 p., rares.

15 **Coypel** (d'ap. Charles). Jeux d'enfants, scènes pittoresques d'enfants en costumes excentriques de cette époque. Belle ép. par *Lépicié.*

— L'amour de village ou naïf. *Lépicié.*

— Le négligé galant, par *Carmona.* Marge.

— Thalie chassée par la peinture. *Lépicié.*

— Persée délivre Andromède. *Surugue.*

16 **Davesne** (d'ap.). Les Cerises. Eau-forte pure, par *Voyez.*

17 **Debucourt.** Vent devant. — Vent derrière. 2 jolies pièces. Toute marge.

18 — 1804. Les petits Messieurs ou les Adolescents à la mode. — Les Galands surannés ou les petits Papas à la mode. 2 p. curieuses pour les mœurs et costumes.

19 — La rose mal défendue. Sup. ép.

20 **Debucourt.** Minet aux aguets. Jolie p. ovale en travers, en couleur.

21 **Denon,** d'ap. David. Habit civil du citoyen Français. — Représentant du peuple aux armées. 2 costumes en couleur.

22 **Doublet** (d'ap.). Ariette de ROSETTE et Colas, acte V. Ah! A la sanguine, par *Boillet.*

23 **Forster.** Les trois Grâces, d'ap. *Raphael.*

24 **Freudeberg** (d'ap.). La Toilette, par *Voyez.* 1774. Très-belle ép., marge.

25 **Greuze** (d'ap.) Le Repentir, par *Moitte.* Belle ép., marge.

26 **Harriet** (d'àp.) Le Thé parisien, suprême bon ton au commencement du XIXe siècle. Au bistre, pièce curieuse pour les mœurs et costumes.

27 **Mérisset.** Vue de l'abbaye Saint-Germain-des Prés et du Louvre en 1410.

28 **Hubert**, 1775. Hony soit qui mal y pense.

29 **Huet**, 1778. Le vice forcé dans ses retranchements. — La Désolation des filles de joie, scènes de mœurs de l'époque. 3 p. à l'eau-forte.

30 **Huet** (d'ap.). Le souper. En couleur.

31 **Isabey.** Frontispice du voyage en Normandie, avant le nom; Ruines de l'abbaye de Saint-Vandrille; Portraits, etc. 6 p.

32 — Caricatures, Scènes de la vie. 12 p. dont 3 doubles en couleur.

33 **Janinet.** L'Indiscrétion, d'ap. *Lavrence*, En couleur.

34 **Jeaurat**, 1728. Entrevue de Louis XIV et de Philippe IV. — Mariage de Louis XIV. 2 p. d'ap. Lebrun. Belles ép.

35 **Lebas.** Revue de la Maison du roi au trou d'Enfer, d'ap. *Le Paon.* Ancienne ép.

36 **Lebeau.** Convention de mariage d'un vieux intéressé avec une fausse modeste. Superbe ép., marge.

37 **Levachez.** Mlle Lafayette auprès du lit de sa tante.— Mlle Lavallière et Louis XIV, dans le couvent. 2 p. en couleur.

38 ***Lithographies***. Sujets gracieux. 12 p.

39 — en couleur. Musée Omnibus, la vie parisienne, les coulisses de l'opéra de Gavarni, etc. 10 p.

40 ***Malapeau***. IVe vue de Versailles, Revue des troupes dans la cour, devant le château, d'après le chevalier de *Lespinasse*. Très-belle ép., toute marge.

41 ***Monnet*** (d'ap.). Journée du 16 octobre 1793. La Reine sur l'échafaud, par *Helman*. Ancienne et très-belle épreuve.

42 ***Moreau** le jeune* (d'ap.). Déclaration de la grossesse. — Les Précautions. — J'en accepte l'heureux présage. — C'est un fils, monsieur. — Les petits parrains. — L'accord parfait. 6 p. in-8. avec vers. Belles ép., toute marge.

43 — N'ayez pas peur, ma bonne amie. In-fol. par *Helman*. Ép. toute marge.

44 — Exemple d'humanité donné par Mme la Dauphine (Marie-Antoinette). Très-jolie p., par *Godefroy*.

45 — Ouverture des États généraux à Versailles, 5 mai 1789, avec le nom des députés au bas. — Constitution de l'Assemblée nationale et serment des députés, 17 juin 1789. 2 p. in-fol.

46 ***Nattier*** (d'ap.). Mme de ..... en Flore.

47 ***Née*** et Masquelier. Le sacre de Louis XVI, allégorie, d'ap. *Monnet*. Belle ép., marge.

48 — Vues de Paris, Versailles, Trianon, etc. 25 p. sur 18 feuilles.

49 ***Pauquet***. Modes et costumes historiques. 12 p. coloriées.

50 **Petit** (chez). Scènes de la folle journée, ou le mariage de Figaro, et d'ap. *Saint-Quentin.* 4 p.

51 **Queverdo** (d'ap.) l'Amoureux, par *Chatelain.* Très-belle ép., marge.

52 **Regnault** (N.-F.). La Nuit. Belle ép.

53 **Smith**. A Lady at Confession, d'ap. *Lauron.* Jolie pièce en manière noire.

54 **Vidal** (d'ap.) Péché mignon, les filles d'Ève.

55 Vignettes pour divers ouvrages de Moreau, Eisen et modernes. 50 p.

56 Adieux de Louis XVI à sa famille. 4 sujets différents, in-8.

57 Caricatures et sujets historiques, sur M. Flesselles, comte d'Artois, la Comète, Philippe-Égalité, descente en Angleterre, Éventail, Law, etc., grand débandement de l'armée anticonstitutionnelle, Changez-moi cette tête. 11 p. curieuses.

58 Caricatures politiques. Les visites du jour de l'an au Roi. — L'aristocratie démasquée. — Les profils de Louis XVI et Marie-Antoinette. — Je garde cette grosse pièce dont on ne veut plus. — Rosine, ma chère Rosine. — A faut espérer que ce jeu-là finira bientôt. — Le déménagement du clergé. — On me rase ce matin et je me marie ce soir. — Le joli moine. — J'ai quitté ma soutane. — Le Gastronome au régime économique. 13 p., la plupart coloriées et rares.

59 Caricatures de mœurs : Garde-à-vous ou le sérail en boutique. — La charge d'un mari. — Le bon diable. — Qui se rassemble s'assemble. — Le

marché aux fleurs. — Le retour des visites. — Trois mois d'absence. — Les apprêts pour Tivoli. Les Écossais à Paris. — L'heureux commis marchand. — Le Colin-Maillard. — Mariage de M. Richelet avec Mlle Vendue. — Le désagrément des capotes. — Le bon poisson. — La danse villageoise. 15 p. coloriées.

60 ***Le Bon Genre.*** Scènes d'intérieur, costumes. 12 p. coloriées.

61 Caricature (la). Sac de l'archevêché, par Raffet, et autre, par Vaflard, etc. 10 p.

62 Costumes de femmes, d'après Saint-Jean, Desrais, Leclerc, Martin et autres. 12 p.

63 Le triomphe de la coquetterie, joute sur l'eau entre des dames pour gagner un bonnet excentrique, caricature curieuse ordonnée par Louis XVI contre les modes de Mlle Bertin. Rare.

64 Éventails du XVIIIe siècle, sur peau de chevreau. Pastorale. — Abraham recevant Agar. 2 p. Aquarelles rehaussées d'or.

65 Vues de Paris et de France, par Janinet, lithographiées et gravées. Architecture du moyen âge, la Sainte-Chapelle, l'église de Brou, etc. 62 p. Sera divisé.

66 Portefeuille contenant plus de 150 p., dont environ 40 en couleur, toutes relatives aux reines et aux femmes célèbres de l'ancienne France, telles que statues, portraits, costumes, habitudes, séjours, tombeaux, etc., de l'an 1150 à 1600, tiré de Montfaucon et autres ouvrages.

PORTRAITS

67 **Albon** (Camille d'). In-8, par *Lepagelet*, 1784.

68 **Aligre** (E.-F. d'), premier Président, par *Cathelin*, d'ap. Cochin. Petit in-fol.

69 **Amaury-Duval**. In-8. Dessin au bistre et in-4 lithog., par *Boilly*. 2 p.

70 **Amelot** (A.-J.), Secrétaire d'État. In-4, par *Saint-Aubin* et par *Pruneau*. 2 p.

71 **Angoulême**. Duc et Duchesse, 8 p. différentes.

72 **Anjou** (Nourrice de M. le Duc d'). In-4. *Danckerts*.

73 **Anne d'Autriche**. Grand in-fol., gravé par *Masson*, d'ap. Mignard. R. D. 11. Très-belle ép.

74 **Arnauld** (Antoine), par *Edelinck*. In-fol. — Robert d'Andilly. In-8. — Simon de Pomponne. In-4. — La mère Angélique, par *Van Schuppen*. Grand in-4. — Angélique de Saint-Jean. In-8. 5 p.

75 **Arnould** (Sophie). Rôle de Zyrphé. In-8 en couleur, par *Bourgeois de la Richardière*. Très-belle ép.

76 **Artois** (M.-Th. Comtesse d'), par *Lebeau*. — En trait de plume, bistre, chez Basset. 2 p. in-8. Belle.

77 **Assas** (Mort du Chevalier d'), d'ap. *Moreau* le jeune.

78 **Autriche** (Aliénor d'), reine de France. In-8, par *Th. de Leu*.

79 — (Marie-Anne d'), Reine d'Espagne, par *Moncornet, Daret, Larmessin.* 3 p. Très-belles marges.

80 — (Marie d'), femme de Ferdinand III, par *C. Galle.* d'ap. Van-Dyck. Très-belle ép.

81 **Barra**, en couleur sur soie. — Agricola Viala. 2 petits portraits ronds.

82 **Bavière** (Marie-Anne-Victoire), Dauphine de France. Grand in-fol., par *Masson*. R. D. 48. Très-belle ép.

83. **Berry** (Duc de). Son mariage, d'ap. S. Fal. — 2 dessins au bistre in-4, buste et à cheval. — In-fol. gravé par *Audouin*; et 8 autres portraits, bustes et pieds : scènes de son assassinat et de sa mort, 5. — Louvel, 2. — Entrée à Paris de la Duchesse de Berry, et 3 portraits in-fol. 23 p.

— 10 portraits des personnages qui ont marqué avec Madame en Vendée.

84 **Bielfeld** (Baron de). In-4, par *Houbraken*.

85 **Bourbon** Antoine, Comte de Moret. — Henri, Evêque de Metz. — Louis de Soissons. 3 p., par *Moncornet*. — Henri de Condé II. In-8. 4 p.

86 — Charlotte-Montpensier, Princesse d'Orange, par *Goltzius*, dans des ornements et fig. allégoriques. Petit in-fol. Rare.

87 — L.-M.-Ad. de Pentièvre, Duchesse de Chartres. In-8, par *Lebeau*. Marge.

88 — Louise-Françoise, légitimée, Duchesse. In-8, par *Desrochers*. Marge.

89 — L.-M.-Th.-Bathilde d'Orléans, Duchesse. Grand in-8, par *Lebeau*. Très-belle ép. Rare.

90 **Bourgogne** (Duc de). In-4, par *Larmessin*. — In-8, par *Simmoneau*. 2 p.

91 **Breteuil** (le Tonnellier de), Ministre. In-4, par *Joullain*, d'ap. Vanloo.

92 **Bruneau** (Mathurin), faux Dauphin. — Le Baron de Richemont. 2 p.

93 **Butet Vatry** (Mme). In-8, chez *Petit*. Très-belle épr.

94 **Carteaux** (Général). In-4, par *Tassaert*. — Charrette. In-4, avec la charrette au bas. 2 p.

95 **Chevreuse** (Ch.-M. de Lorraine, Mlle de), par *Daret*. — Christine de Suède. 2 p. grand in-8.

96 **Cochin** le fils, par *Daullé*. — Campion de Tersan. 2 p. in-4.

97 **Condé** Louis II le Grand. In 8, par *Savart*. Belle ép. Marge. — Louis-Joseph. In-4, par *Cathelin*. Belle ép. — Marg.-Ch. de Montmorency. In-8, par *Moncornet*. — Ch.-Cath. de Latrémouille, par *Miger*. In-8; par *Riffaut*. In-fol.

98 **Conti**. Jeanne de Cocesme, Princesse, par *Th. Delcu*. In-8. Très-belle ép. Cab. Rob. Dumesnil.

99 — Princesse, fille aînée du Prince de Condé. In-8, par *Desrochers*. Sup. ép. Marge.

100 — Anne Martinozzi, Princesse, nièce de Son Emminence, par *Moncornet*. In-4 octogone. Rare.

101 — Marie-Anne, Princesse douairière. Profil in-4, par *Thomassin*. Rare.

102 — Madame la Princesse de Conti, Douairière. In-8, par *Desrochers*. Rare.

103 — Fortunée-Marie d'Est, Princesse. Petit rond, par *Saint-Aubin*, d'ap. Cochin.

104 **Corday** (Charlotte), par *Mariage*, d'ap. Lelu. In-4. Très-belle ép. Marge. Sans les noms d'artistes.

105 **Dubarry** (Jeanne-Gomart de Vaubernier, Comtesse) In-8, par *Bovinet.* Rare.

106 **Duplessis** (Marie). La Dame aux Camélias, par *Riffaut.*

107 **Elisabeth,** Reine d'Angleterre. In 4, par *Dean.*

108 **Elisabeth** de France, sœur de Louis XVI. In-8, par *Claessens;* autre profil, *Bonneville* et autres. 8 p.

109 — Philippine-Marie-Hélène de France. In-4, d'après le tableau de Mme Guiard. Coiffure avec plumes.

110 **Favart** (Mme). In-8, par *Flipart,* d'ap. Cochin.

111 **Fléchier,** Evêque de Nisme. In-4, par *Edelinck.*

112 **Fontanges** (Duchesse de). In-8, par *Ficquet, Roger,* etc. 3 p.

113 **Fontanieu** (G. Moyse de), par *Delongueil,* d'après Queverdo. In-4, eau forte pure et terminé. 2 p.

114 **Fouché** en pied pour le Sacre. Ep. avant la lettre.

115 **France** Madame Adélaïde, l'Air, par *Beauvarlet,* d'après Nattier. Très-belle ép. in-fol. Marge.

116 **Genlis** (Mme de). In-fol., par *Green,* par *Lignon.* Avant toute lettre, marge, et autre. 6 p.

117 **Gonzague** (Eléonore). In-8, par *Moncornet.* — Louise-Marie, Reine de Pologne. In-fol., par *Mellan.* Très-belle ép.

118 **Guébriant** Mme Renée du Bec Maréchale. In-8, par *Moncornet.* Rare. Superbe ép.

119 **Guise.** Isabelle d'Orléans, Duchesse, deuxième fille de Gaston. In-4, par *Larmessin.*

120 — Henriette-Catherine de Joyeuse, Duchesse douairière. In-fol., par *Michel Lasne.* Belle ép. — La même, par *Moncornet.* In-8. Marge. 2 p. Rare.

121 — Eléonore de Grimberge, Duchesse. In-fol., par *Morin*, d'après Van-Dyck. R. D. 56. 1er état. Sup. ép. Marge.

122 — Duchesse de Nemours, mère du Balafré. In-8, par *Léonard Gauthier*. Belle ép.

123 **Guyon**. J.-M. Bouvières de Lamothe. in-8. *Aubert*.

124 **Harcourt**. Marg. Ph. comtesse. In-8, *Moncornet*. Très-belle ép., marge.

— (Mlle d') A.-H. de Lorraine, coadjutrice de l'abbaye N.-D. de Soissons. In-4. *Van Schuppen*. Très-belle ép.

125 **Joseph II**, empereur. In-fol. *Schulze*, avant la lettre. — *Gmelin*. In-4. 2 p.

126 **Josephine**, d'ap. Prudhon par *Blanchard*; *Hoopwood*, d'ap. Isabey par *Bertonnier*, et autres. Son tombeau. In-fol. 9 p.

127 **La Cadière** (Mlle.) In-8; genre de *Crespy*. Très-rare. Scènes, caricatures. 5 p.

128 **La Chastre** (Marie), dame de Laubespine, son mari, Guillaume de Laubespine. 2 p. in-4, par *Daret*.

129 **Lafont** (Mlle Sophie-Louise-Wilhelmine de). In-fol. par *J. Tardieu*, d'ap. Delapierre, 1769. Sup. ép.

130 **Lamotte** (Mad. Jeanne de Valois, comtesse de). — Le comte son mari. 2 p. Grand in-8.

131 **Lamotte-Piquet**, chef d'escadre. In-4. *S. Aubin*, d'après Cochin. Belle ép., marge.

132 **Larochefoucault**. In-12; par *Gaucher*, d'ap. Petitot. Superbe ép. avant la lettre.

133 **Lassone** (de), médecin de la cour. In-4; par *S. Aubin*, d'après Cochin. Sup. épreuve avant toute lettre.

134 **Law** (Jean), contrôleur des finances. In-8; par *Schmidt*. Grande marge, belle ép.

135 **Lebrun** (Mad.), peintre, par le comte de *Paroy*, d'ap. elle-même. Charmante petite p. ovale, in-8.

136 **Lesdiguières**, connétable. In-4. *Daret*, in-8. *Moncornet*. 2 p. Très-belles ép. marge.

Lesdiguières (duchesse de). Petit portait dans un entourage orné de figures, chez *Crespy*. Rare.

137 **Letancourt** (de), comtesse de Mareilles. Eau-forte pure, rare.

138 **L'Hôpital** (Michel de). In-4. *Daret*. Superbe.— In-8. *Demarcenay*. — Son tombeau, sa statue. 6 p.

139 **Linguet**. In-4. *Saint-Aubin*, ad vivum, 1773. Très-belle ép.

140 **L.. hnowsky** (Ch. princesse), née comtesse de Thunn. In-fol., par *Clarot*. Manière noire.

141 **Lislebonne** (Mlle de), sœur de la princesse d'Épinois, en pied, chez *Mariette*. Sup. ép.

142 **Lorraine**, Charles-Alexandre. In-8.—François, évêque de Verdun, *Daret*, in-4. — Henri de Joinville, comte d'Eu, in-8.

143 — Duc de Mayenne. — Louis duc de Joyeuse. — Nicolas-François, comte de Vaudemont, *Daret*. Sup. ép. 6 p.

144 — Mlle d'Elbœuf, Armande - Charlotte, en pied, chez *Bonnart*.

145 Louise, femme de Henri III, roi de France. In-8., par *Th. de Leu.* Très-belle ép., marge. — La même, par *Riffaut.*

146 — Marguerite de Vaudemont de Joyeuse. In-8., par *Th. de Leu.*

147 **Louis**, dauphin. — Marie-Thérèse d'Espagne, sa femme. 2 p. Grand in-4., par *Wille.*

148 **Louis XVI**, comme dauphin, par *Gaucher*, etc., en roi, *Lebeau*, *Le Cœur*, etc., son père, son frère. 8 p.

149 **Maillard** (Mlle). Ovale en couleur.

150 **Marie-Antoinette**, en grand costume. Manière noire, grand in-fol.; rare.

151 — Archiduchesse d'Autriche. Grand in-4., par *Fritsch*; comme dauphine, le cœur de la nation, comme reine, titres, allégorie; Prisonnière, etc., entourée de sa famille recevant Mme de Bellegarde etc. 13 p.

152 **Marie**-Anne-Victoire, infante d'Espagne. In-8, par *Claude Duflos.* Rare. (Fiancée de Louis XV), — Marie Leczinska. In-8, par *Roy*, etc. 3 p.

153 **Marie de Médicis**. Fac-simile magnifique, par *Paul Chenay*, d'ap. le dessin de Rubens qui est au Musée. Superbe ép., avant la lettre; rare.

154 **Marie Stuart**. Grand in-4. Au bas, dans les coins son exécution, *Jan Bussem ex.* Très-belle ép. cab. d'Henneville.

155 — par *Riffaut.* In-fol.

156 **Marie - Thérèse**, impératrice d'Allemagne. In-8, par *Cathelin;* entourée de fig. allégoriques, par *Fessard.* 2 p.

157 **Marie-Thérèse**, reine de France. In-fol., par *Visscher*. Sup ép., marge.

158 **Médicis** (Catherine de), reine-mère. In-8, par *Thomas de Leu*. Marge.

159 **Médicis** (Marie de), étant jeune. In-4, par *Jean Wierix*, 1681. Magnifique ép.

160 — Reine de France, veuve, *Moncornet*. In-4, octogone; rare.

161 **Mennetoud** (Mlle de), à sa toilette, en pied, genre de *Bonnart*. Très-belle ép.; rare.

162 **Merlin** (Mme la comtesse). In-8, par *Hopwood*. Avant la lettre, chine.

163 **Miranda**, (général), au bas, le siége d'Anvers. In-8, par *Gaucher*. Rare, sup. ép., marge.

164 **Montespan**, (marquise). In-4, *Larmessin*, in-8, *Desrochers*, *Roger*. 3 p.

165 **Montpensier** (Duchesse de), Anne - Marie - Louise d'Orléans. Grand in-fol., par *Simon*. Très-belle ép.

166 **Nantais** (Personnages). Rozan. — Saint-Aignan, 2.— Princesse de Salm, 6.— Surcouf, 3.— Et autres; scènes de noyades. Armoiries de L. de Rohan, etc. 20 p.

167 **Napoléon**. Voiture du roi de Rome traînée par deux moutons.

168 **Nemours**. Élisabeth de Vendôme, duchesse, *Frosne*. In-4, sup ép.

— In-8, par *Moncornet*. Sup. ép., marge.

169 **Portugal**. L.-Marie-F. de Savoie, reine. — Elis.-M.-Louise, infante, sa fille. — Catherine, reine d'Angleterre, épouse de Charles II. 3 p. *Larmessin*, in-4.

170 **Orange**, Fréd.-Sophie-Wilhelmine, princesse, à cheval. In-fol., par *Vinkeles*, marge.

171 **Orléans**. Madame, 1re femme de Gaston. In-8, *Moncornet*. — Marguerite de Lorraine, 2e femme, par *Bolswert*, d'après Van Dyck. Sup. ép. avec Mart. Van den Enden.

172 — Marguerite de Valois, sa fille. *Moncornet*. In-4, octogone.

173 — Marie-Louise, reine d'Espagne. *Larmessin* et autre. — Anne-Marie, duchesse de Savoie. *Larmessin*. In-4. 3 p.

174 — Louise-Adélaïde, abbesse de Chelles. In-4, *Drevet*.

175 — Antoinette de Longueville. — M.-Cath. de Pierrevive. 2 p. in-4, par *Cl. Duflos*.

176 **Pascal** (Blaise). *Edelinck*, grand in-4.

177 **Pompadour** (Marquise de). Profil entouré de fleurs. In-4, par *Littret*.

178 — En nymphe. In-8, par *Lebeau*, d'après Queverdo. Belle ép., marge.

179 **Religieuses**. Mère Alix Lecler de Lorraine, fondatrice des chanoinesses de S. Augustin, amie spirituelle du R. P. Fourier de Mattaincourt. — Sainte Béatrice, fondatrice des Chartreuses. — Ant. d'Orléans-Longueville, fondatrice des Bénédictines. — Sainte Claire. — V.-M. de Thouars abbesse de Carentan et autres. 13 p.

180 **Robert** (Hubert), peintre. In-fol., *Miger*, d'ap. Isabey. Très-belle ép.

181 **Rohan**, Benjamin. — Henri, par *Moncornet*, *Daret*. — Marie. — L. R. Édouard, cardinal, par *Devere*, *Voyez*. 6 p.

182 **Roland** (Mme.). In-8, par *Claessens.* Sup. ép. avant toute lettre,

183 **Saint Huberti** (Mme. de) de l'Opéra, rôle en couleur, et autres de profil. 3 p.

184 **Salmon** Marie-Fr.-Victoire, l'innocence reconnue. Ovale, in-8.

185 **Saugrain**, 6e libraire. In-8, par *Ficquet.*

186 **Savoie**, Chrétienne de France, duchesse. — Adélaïde 2e fille. — Marg. Yoland, 4e fille. — Charles-Emmanuel, duc de Nemours. 4 p., avec marge.

187 **Serres** (Maria), mère de Rigaud. In-fol., *Drevet.*

188 **Sévigné** (Mme. de). In-8, par *J. Fittler*, marge.

189 **Valois** Charles duc d'Angoulême. In-8, par *Ficquet.* Sa femme Charlotte de Montmorency. In-8, *Moncornet.* 2 p., sup. ép., marge.

190 — Marguerite d'Angoulême, sœur de François Ier. In-8, en bois rare. — In-fol. par *Riffaut.*

191 **Vendôme** (Louis de), cardinal, *Larmessin.* — Françoise de Lorraine épousa César. 2 p. in-4. Belles épr.

192 — Marie-Anne de Bourbon, in-8, *Desrochers*, superbe ép.; par *Weber.* 2 p.

193 **Voyer** d'Argenson (Marc-Pierre), in-8, par *Demarcenay.* Sup. épr., grande marge.

194 **Cochin** (d'apr.). Amelot. — Hénault.—Montholon.—Roslin. 4 p. in-4.

195 **Daret**, Moncornet. Portraits de princes, ministres, maréchaux, ecclésiatiques, etc. 54 p.

196 **Lombart**, d'après Van Dyck. Les Comtesses. 10 p., petit in-fol. Très-belles ép.

197 Portraits de femmes lithographiées et autres. 33 p.

198 Portraits de Desjabins, Bonneville, tirés des galeries de Versailles et autres. Environ 180 p. Sera divisé.

199 **Photographie.** Cartes de visites, portraits de princes de divers pays de l'Europe, France.

COLLECTION THÉATRALE

DESSINS ORIGINAUX ET ESTAMPES

PORTRAITS

200 The Theatres of Paris, par Charles Hervey, volume grand in-8 illustré de 7 portraits d'actrices, lithographiés par Lacauchie. Paris, 1847.

201 **Abingdon** (Mrs), rôle de Thalie. *Bartolozzi.* — La foule au début de Betty, dit Roscius. — Mme Billington en état de chanter ayant avalé des pilules dorées. 2 caricatures très-rares. 3 p.

202 **Amant**, du th. du Palais-Royal, amateur d'autographes; dessin mine de plomb en pied, par *Victor Dollet*, dans les Mémoires du Diable, encadré.

203 **Brunet**. Croquis par *Joly.* 4 costumes, scène, et par *Lacauchie* et *Benjamin.* 8 p.

204 **Clary** (Mlle), du Vaudeville, en pied, daguerréotype colorié, encadré.

205 **Crébillon**. In-4, par *Balechou.* — Le Fils, par *Saint-Aubin*, in-8. 2 p. Très-belles ép.

206 **Désirée** (Mlle), mine de plomb, en pied, par *E. Lorsay.* — M. de Rougemont, par *Lacauchie.* — Les frères Franconi. Costume. Aquarelle. 3 p.

207 **Devienne** (Mlle), soubrette au Théâtre-Français, lithog. in-fol., par *Cœdes,* 1837. Portrait inédit, extrêmement rare.

208 **Doche** (Mme), en pied. Daguerréotype colorié, encadré.

209 **Dugazon**, rôle de Bernadille, de la Femme Juge et partie, en pied ; dessin au crayon, par *Duplessis-Bertaut,* signé. In-8, encadré.

210 **Dugazon**. Costume, au bistre. — (Mme), rôle de Nina, par *Colinet,* en bistre. 2 p.

211 **Etienne**. Caricatures : la Culbute, Il s'est brûlé à la chandelle, l'Habit fait d'avance, l'Emétique, la Fantasmagorie, le Cauchemar, Cause dramatique, l'Ancien ami, Fin du procès, Funeste mort. les Cosaques littéraires, le moderne don Quichotte, Hospice des Incurables, l'Entrée à l'Institut. 15 p. très-curieuses sur Conaxa, etc. La plupart coloriées.

212 **Guimard**, en pied, par *Janinet.* — En costume riche. Aquarelle. 2 p.

213 **Joly** du Vaudeville costume, croquis par *Favart,* scènes par *Debucourt,* par *Carle Vernet,* costumes. 5 p.

214 **La Chaussée** (de), académicien. Petit in-fol., par *Miger.* Très-belle ép.

215 **Lafont**, du Théâtre-Français, dessiné d'après nature, par *Leclerc,* 1817. Crayon noir, ovale, petit in-fol., encadré.

216 **Laurent**, de l'Ambigu. Très-petit daguerréotype colorié, médaillon.

17 **Legros**, de l'Opéra. In-4, par *Macret.*

218 **Levasseur** (Rosalie), de l'Opéra, par *Pruneau*, d'ap. le buste de Dumont de Valenciennes. In-4. Très-belle ép. toute marge.

219 **Lind** (Jenny). 3 portraits, 14 scènes et caricatures sur bois, 10 articles poésies, etc., imprimés. 27 p.

220 **Mario**. Portrait d'après nature. Dessin au crayon par *Bard*, signé par Mario. In-4. Encadré.

221 **Mercier**. L'âne comme il n'y en a point. Caricature très-bien gravée.

222 **Michu**. Portrait par *Coutelier* et costume par *Janinet*. 2 p. en couleur.

223 **Mogador** (Mlle Céleste). Daguerréotype colorié, par *Meyer*. Profil en buste, médaillon-écrin.

224 **Musset** (Alfred de). In-4, par *Pollet*, d'après Landelle. Superbe ép. avant la lettre, sur chine. Le même, avec la lettre. 2 p.

225 **Nodier** (Charles). Croquis-charge très-ressemblant, par *Benjamin Roubaud*. Mine de plomb.

226 **Octave** (Mme), en pied, daguerréotype colorié. Encadré.

227 **Odry**, par *Charlet*, *Lacauchie*, et rôle de Robin. Colorié. 3 p.

228 **Pouchard**. In-4, par *Paul Chenay*, 1850. Sup. ép. chine avant la lettre.

229 **Potier**. Portrait, rôles de Riquet à la houppe, du Chiffonnier; costumes, scène, charge avec Talma. 10 p.

230 **Potier**, rôle du cuisinier de M. de Buffon. Aquarelle en pied, par *Chaponnier fils*. Encadré.

231 **Provost**, dans le Dissipateur, 1850. En pied, assis. Très-belle aquarelle, par *Eustache Lorsay*. Encadré.

232 **Rachel**. Portrait par *Lady Cadogan*. En pied par *Flameng*. Photographie, charge et sujets en bois. 7 p.

233 **Vernet**. Portrait et costume, par *Jules Vernet*. Scène de Guilever. Colorié. 3 p.

234 **Voltaire**. Esquisse à Ferney en 1769, in-4, et autres. Sa prière, surmontée de son portrait en pied. Colorié. 5 p.

235 Cadre contenant six dessins à la mine de plomb, par *Eustache Lorsay*. Portraits en pied de : Achard — Ferville — Tisserant — Hoffman — Jules Deschamps — Ravel, tous signés par les acteurs mêmes.

236 Cadre contenant six dessins à la mine de plomb, par *Eustache Lorsay*. Portraits en pied de : Aline Duval — Sainville — Hyacinthe — Lepeintre jeune — Klein — Flore, plusieurs signés

237 Scène théâtrale : On ne s'avise jamais de tout ! Très-petite aquarelle sur vélin. Médaillon.

238 **Photographie**. 102 acteurs et actrices anglais réunis sur la même feuille in-4, avec la liste des noms imprimés. Rare.

239 — Mlle Bonval, l'une des deux épreuves tirées. — Augustine Brohan — Delaunay — Denain — Got. 5 p. in-4.

240 — Cartes de visites : Delaunoy — Caroline Duprez — Graziani — Mme Guyon — Lassouche — Leclerc — Barbara et Carlotta Marchisio — Mlle Page — Samson. 10 p.

241 — Henri Murger. In-4, par Nadar.

242 **Portraits** en pied de la galerie des Artistes dramatiques de Paris, par *Lacauchie*, 12; et galerie théâtrale, 5. 17 p.

243 — Portraits de musiciens gravés et lithographiés. 28 p.

244 — Artistes dramatiques allemands et anglais : Devrient, Fawcett, Keeley, Kean, Liston, Macklin, sépia ; Mathews aquarelle par lui-même et par Cruikshank ; Reeve croquis par Mathews ; Mrs Siddons, d'ap. Lawrence, etc. 52 p. dont nombre de rares. Pourra être divisé.

245 — Portraits d'artistes dramatiques, littérateurs et autres. 200 p. Sera divisé.

246 Modes de dame et enfants. Charmante aquarelle, par *Jules David*. Sous verre.

Renou et Maulde, imprimeurs de la Compagnie des Commissaires-Priseurs rue de Rivoli, 144. 27216

www.ingramcontent.com/pod-product-compliance
Ingram Content Group UK Ltd.
Pitfield, Milton Keynes, MK11 3LW, UK
UKHW020537180726
13839UKWH00006B/2565

9 782329 551098